CONCOURS DE 1858.

THÉORIE DES PACTES

EN

DROIT ROMAIN

PAR

Gabriel BENOIT-CHAMPY,

LICENCIÉ ÈS-LETTRES, LICENCIÉ EN DROIT,

AVOCAT A LA COUR IMPÉRIALE,

DISSERTATION COURONNÉE PAR LA FACULTÉ DE DROIT

(Première médaille).

PARIS.

CHARLES DE MOURGUES FRÈRES, SUCCESSEURS DE VINCHON,

Imprimeurs de la Faculté de Droit de Paris,

RUE JEAN-JACQUES ROUSSEAU, 8.

1859

CONCOURS DE 1858.

THÉORIE DES PACTES

EN

DROIT ROMAIN

PAR

Gabriel BENOIT-CHAMPY,

LICENCIÉ ÈS-LETTRES, LICENCIÉ EN DROIT,

AVOCAT A LA COUR IMPÉRIALE,

DISSERTATION COURONNÉE PAR LA FACULTÉ DE DROIT

(Première médaille).

PARIS.

CHARLES DE MOURGUES FRÈRES, SUCCESSEURS DE VINCHON,
Imprimeurs de la Faculté de Droit de Paris,
RUE JEAN-JACQUES ROUSSEAU, 8.

1859.

EXTRAIT DU RAPPORT

LU EN LA SÉANCE PUBLIQUE

DU 9 AOUT 1858,

Par M. BATBIE , Professeur.

Le sujet du concours de licence pour le droit romain était ainsi formulé :
« Quels sont les effets du pacte ajouté, soit *in continenti*, soit *ex intervallo*,
« aux contrats tant *stricti juris* que *bonæ fidei?* » Cette question touche aux
théories les plus importantes et les plus délicates du droit romain ; car il est
impossible de la traiter convenablement sans avoir une connaissance complète du système des obligations et des actions. La Faculté l'avait choisie à
cause de cette connexité, dans la pensée qu'elle donnerait ainsi au concours
un caractère plus probant, et que toutes les chances seraient pour ceux qui
auraient fait les meilleures études sur l'ensemble du droit romain.

Le premier prix a été obtenu par M. GABRIEL BENOIT-CHAMPY. Son succès
est d'autant plus grand que les autres concurrents sont restés à une grande
distance de lui, et que la décision de la Faculté a été prise à l'unanimité.

Quelques expressions et propositions inexactes déparent cependant cette
composition. Ainsi, par une erreur dont la précipitation peut seule rendre
compte, l'auteur a mis les *pactes prétoriens* sur la même ligne que les *pactes
nus*, comme ne produisant que des exceptions, tandis qu'ils étaient armés
d'actions prétoriennes. Dans l'interprétation qu'il a donnée de la loi *lecta, de
rebus creditis*, il a commis une erreur, en traduisant les mots *auditorium
Papiniani* par des termes qui changent une institution publique en une simple réunion privée de jurisconsultes. Enfin (et cette observation est commune

à tous les concurrents) on peut reprocher à M. Benoit-Champy d'avoir passé sous silence la loi première, § 3, *de verborum obligationibus*, loi importante où, sans doute, notre question n'est pas traitée directement, mais dont l'induction peut tirer parti.

C'est trop longtemps s'arrêter sur des imperfections qu'explique suffisamment la brièveté du temps dans lequel les concurrents sont resserrés par les règlements. Elles sont peu de chose si on les compare aux qualités dont M. Benoit-Champy a fait preuve : une connaissance à peu près complète des textes qu'il a compris avec sagacité et analysés avec clarté, une bonne division de la matière et une exposition méthodique, tels sont les mérites qui ont entraîné le vote de la Faculté. M. Benoit-Champy a répondu à la question proposée, non comme un élève qui se rappelle une synthèse préparée par ses professeurs, mais comme un esprit mûr qui analyse les sources avant de s'arrêter à une doctrine. Dans ce premier essai du jeune homme, on trouve les habitudes d'un intelligence virile.

DISSERTATION.

QUELS SONT LES EFFETS DES PACTES AJOUTÉS SOIT *in continenti,* SOIT *ex intervallo*, AUX CONTRATS TANT *stricti juris* QUE *bonæ fidei ?*

En droit romain, l'accord pur et simple de deux volontés ne saurait donner naissance à un contrat; il faut qu'au consentement mutuel vienne se joindre un fait producteur d'obligation civile : c'est ce que les textes du Digeste appellent la *causa civilis obligationum.* On peut même formuler comme règle, en droit romain, que le consentement, à lui seul, ne donne jamais naissance à un contrat. En effet, si nous exceptons les quatre contrats consensuels, la vente, le louage, la société, le mandat, seules exceptions à cette règle, la *causa civilis obligationum*, c'est-à-dire le fait producteur d'obligation civile consiste toujours dans la tradition d'une certaine chose ou plus généralement dans l'exécution d'un certain fait, dans la prononciation de certaines paroles sacramentelles, dans la solennité des écritures. De là les contrats *re*, *verbis*, *litteris*, qui, réunis aux contrats consensuels, produisent seuls des obligations civiles.

En dehors de ces contrats, le droit civil ne valide point le consentement; le contrat prend le nom de *pacte* et ne produit qu'une obligation naturelle.

Les jurisconsultes romains distinguaient quatre espèces de pactes : les *pacta nuda*, les *pacta adjecta,* les *pacta prætoria*, les *pacta legitima.* Les *pacta nuda* et *prætoria* ne produisaient que des exceptions, les *pacta legitima* donnaient lieu à la *condictio ex lege;* mais nous n'avons à étudier que les *pacta adjecta,* les plus importants.

Ces pactes soulevèrent de nombreuses difficultés qui ne furent aplanies que peu à peu par la jurisprudence. L'explication des textes qui traitent cette matière et reproduisent les controverses des jurisconsultes romains, ne laisse pas que d'être délicate et difficile. Tous ces débats, toutes ces controverses peuvent se résumer dans cette question capitale : Les pactes puisent-ils une force d'action dans le fait de leur adjonction à un contrat? Pour résoudre cette question, il faut établir plusieurs distinctions. Parmi les contrats auxquels peuvent être adjoints les pactes, il faut distinguer deux catégories bien distinctes : les contrats *stricti juris* et les contrats *bonæ fidei*.

Les contrats *stricti juris* sont peu nombreux ; nous n'en pouvons citer que trois : la stipulation, le mutuum, le contrat litteris.

Les contrats *bonæ fidei* sont plus nombreux ; nous citerons : le commodat, le dépôt, le gage, la vente, le louage, la société, le mandat. Les trois premiers contrats, le commodat, le dépôt, le gage, se distinguent des autres, en ce qu'ils ne sont par eux-mêmes la cause directe que d'une seule obligation, et qu'ils peuvent devenir l'occasion d'une seconde obligation ; les autres, au contraire, produisent toujours directement deux obligations réciproques.

Quant aux contrats de droit strict, ils se distinguent des contrats de bonne foi en ce qu'ils ne sont jamais la cause que d'une seule obligation. Ils se distinguent encore par les actions qu'ils produisent : les premiers donnent naissance à une action de droit strict, action qui lie le juge aux termes mêmes de la formule ; les autres produisent une action de bonne foi, qui laisse au juge une plus grande latitude et où se trouve insérée implicitement l'exception de bonne foi dans ces mots : *quidquid paret*. De là des conséquences diverses et importantes pour les pactes que nous aurons à signaler.

Nous distinguerons donc les pactes joints aux contrats *stricti juris* et les pactes joints aux contrats *bonæ fidei*.

PREMIÈRE PARTIE.

PACTES JOINTS AUX CONTRATS DE DROIT STRICT.

Examinons séparément comment se comportent les pactes, lorsqu'ils sont joints aux divers contrats de droit strict. Prenons d'abord la stipulation.

PACTES JOINTS A LA STIPULATION.

L'adjonction d'un pacte qui vient modifier une stipulation peut avoir lieu à des époques différentes. Si elle a lieu au moment même où la stipulation intervient, on dit que le pacte est adjoint *in continenti;* si l'adjonction, au contraire, a lieu à une époque postérieure à celle où est intervenue la stipulation, on dit que le pacte est joint *ex intervallo.* De là, deux hypothèses qu'il faut nettement distinguer.

1re HYPOTHÈSE.

Pactes joints à une stipulation in continenti.

Le pacte, joint *in continenti* à une stipulation, est-il garanti par l'action même qui naît de la stipulation ?

Telle est la question que nous devons résoudre et qui divisait profondément les jurisconsultes. Cette controverse est nettement indiquée, en même temps que la solution de la question est déduite d'une manière irréfutable dans un texte de Paul.

Dig., livre **12**, titre **1**, loi 40, Paulus, lib. 3, Quæstionum.

« Un jour, » nous dit Paul, « des jurisconsultes étaient assemblés chez Papinien : on y lut un écrit (*cautio*) qui relatait les faits suivants : une première stipulation est intervenue entre Lucius Titius et Publius Mævius, en ces termes : Moi, Lucius Titius, j'ai écrit à Mævius que j'avais reçu la somme de quinze, qu'il avait tirée de sa caisse, chez lui (*de domo*) pour me la compter, et je me suis engagé par stipulation (*spopondi*) à rembourser cette somme aux kalendes prochaines avec exactitude (*proba recte*). Cette première stipulation fut bientôt suivie d'une seconde pour plus de certitude. Publius Mævius, pour s'assurer un remboursement exact, stipule une clause pénale (*denarios singulos stipulatus est*), si le remboursement n'a pas lieu au jour indiqué, et Lucius Titius promet encore (*spopondi ego*). Enfin, à ces deux stipulations, vient s'ajouter en troisième lieu un pacte. Titius ne devra plus effectuer un payement total ; il échelonnera des payements partiels. »

Telle est l'espèce proposée aux jurisconsultes et relatée dans l'écrit. Il s'agissait de décider à quelle époque les intérêts (*usuræ*) devaient être payés ?

Paul émit alors son opinion (*dicebam*). Le pacte joint (*in continenti*) à une stipulation fait corps avec elle ; tout doit se passer comme si les parties avaient stipulé le payement d'une somme tous les mois, et avaient ajouté des intérêts pour le cas où le payement ne serait pas effectué exactement. Les intérêts ne sont dus que successivement après l'expiration de chaque mois. Paul nous donne le motif de cette décision : *nec ante sortis non solutæ usuras peti posse, quam ipsa sors peti potuerat.* Pour réclamer les intérêts d'une somme qui n'est pas payée, il faut d'abord pouvoir réclamer la somme elle-même. A un débiteur qui n'est pas en demeure, comme Paul va nous le dire, on ne peut réclamer des intérêts !

Cette opinion souleva des contradictions ; selon d'autres jurisconsultes (*quidam dicebant*), le pacte qui a été adjoint ne vise que le capital (*ad sortis solutionem*), et ne parle pas des intérêts qui ont fait l'objet d'une stipulation antérieure. Le pacte ne peut produire qu'une exception ; il ne peut, comme le veut Paul, être garanti par la même action que la stipulation. En conséquence, les intérêts seront dus au jour fixé par cette stipulation.

Voilà la controverse nettement dessinée sur cette question. Les termes mêmes de ce texte si remarquable nous en font ressortir toute l'importance ; voyez comme Paul nous rapporte avec solennité toutes les circonstances de ce grave débat ; il nous fait remarquer que la question a été proposée à tout une assemblée de jurisconsultes ; il nous dit que cet auditoire était présidé par un préfet du prétoire, par un jurisconsulte, et que ce jurisconsulte n'était autre que Papinien !

Voyons maintenant la solution de la question. Paul ne laisse point sans réponse les arguments de ses adversaires. « Vous dites que le pacte, » réplique-t-il, « ne parle pas des intérêts, mais modifier le terme de l'échéance du capital, n'est-ce donc pas modifier implicitement l'échéance des intérêts ? Mon opinion d'ailleurs, ajoute-t-il, a prévalu aujourd'hui ; la jurisprudence donne au pacte l'action même de la stipulation. Mais je laisse de côté cet argument, quelle que soit sa force ; j'admets un instant, comme vous le dites (*ut ille putabat*), que le pacte ne produise qu'une exception, vous ne détruisez pas cet argument invincible : « A un débiteur qui n'est pas en demeure, on ne peut demander les intérêts ! » Paul continue à développer sa théorie. Il finit en disant : « Je serais de votre avis si la convention de payer était subordonnée à une condition ; il en serait alors des intérêts comme des fruits dans la vente conditionnelle d'un fonds : si la condition, qui est le payement à jour fixe vient à défaillir, les intérêts comme les fruits son dus *ex die stipulationis.* »

Il n'y a rien à ajouter à l'explication de ce texte ; il résulte de là que la question de savoir si le pacte joint *in continenti* à une stipulation est garanti par l'action même de la stipulation, avait été fort controversée à Rome, mais que l'opinion exposée par Paul avait fini par prévaloir.

2e HYPOTHÈSE.

Pacte joint ex intervallo à une stipulation.

Nous pouvons poser ici une règle absolue : le pacte ne produit jamais qu'une exception, lorsqu'il est joint *ex intervallo* aux contrats de droit strict.

PACTES JOINTS A UN MUTUUM.

Voyons ce que deviennent les pactes joints à un mutuum. Il faut distinguer deux hypothèses ; le pacte augmente ou diminue l'obligation principale.

1re HYPOTHÈSE.

Pacte joint à un mutuum qui augmente l'obligation.

Le pacte fera-t-il corps avec le mutuum, sera-t-il garanti et validé par l'action même, conférée par le mutuum ? Les textes semblent donner une solution contradictoire à cette question.

Dig., lib. 12, tit. 1, loi 7; Ulpianus, lib. 26, ad edictum.

Voici ce que dit Ulpien : *Omnia quæ inseri stipulationibus possunt, eadem possunt etiam numerationi pecuniæ : et ideo : et conditiones.* Ulpien décide donc que le pacte fait corps avec le mutuum comme avec la stipulation.

Mais beaucoup d'autres textes développent une opinion contraire.

Dig., livre 19, titre 5, loi 24, Africanus.

Voici l'espèce de ce texte : Titius a donné une somme de trente à Sempronius, puis, tous deux, sont convenus par un pacte que Sempronius, au lieu de rembourser trente à Titius, payerait l'impôt dû par Titius, et que les intérêts seraient calculés à raison de six pour cent (*semissibus*). Trois hypothèses peuvent se présenter à raison de ce pacte. La somme payée par Sempronius peut être : 1° inférieure aux intérêts; alors Sempronius rendra la différence à Titius; 2° supérieure aux intérêts; elle sera déduite sur le capital; 3° supérieure au capital et aux intérêts; dans ce cas, Titius remboursera à Sempronius l'excédant. Cette convention avait fait l'objet, nous fait observer Africain, non d'une stipulation, mais d'un pacte. Titius demandait par quelle action il pouvait agir contre Sempronius ?

Africain répondit en établissant cette règle : Dans le cas d'un mutuum, les intérêts ne peuvent être dus que s'ils ont fait l'objet d'une stipulation. Cette solution est contraire, on le voit, à celle que nous a donnée Ulpien. Dans la fin du texte, Africain cherche à apprécier la nature de cette convention; il se demande s'il ne faut pas voir dans l'espèce un mandat; il repousse cette idée par ce motif que le mandat est essentiellement gratuit et que Sempronius a pu faire un bénéfice en plaçant l'argent à un taux supérieur à 6 % (*Nisi quod ultra semissem consecuturus esset*).

Cependant, dit-il, il n'y a pas à vrai dire un mutuum, car Sempronius, s'il y avait mutuum, resterait tenu de rendre la somme prêtée, dans toute hypothèse, tandis que dans l'espèce, il sera libéré s'il perd la somme *sine dolo*. Africain conclut que, dans un contrat aussi équivoque, le plus sûr est de donner l'action *prescriptis verbis*.

Dig., livre 17, titre 1, loi 10, § 4.

Voici encore un texte contraire à l'avis d'Ulpien :

Je donne mandat à Titius de garder à titre de mutuum ce que mes intendants (*actoribus*) lui ont remis. Papinien dit que les intérêts ne peuvent être dus, puisqu'il s'agit de mutuum (*et ideo*), qu'en vertu d'une stipulation.

Dig., livre 12, titre 1, loi 11, § 1.

Voici l'espèce de ce texte : Je te donne dix, et tu ne me devras que neuf. Proculus décide qu'il y a un mutuum pour neuf et un pacte pour un, et que je ne pourrai réclamer que neuf : autre opinion contraire à celle d'Ulpien.

Sentences de Paul, livre 2, titre 14.

S'il n'intervient qu'un simple pacte sur le payement des intérêts, il doit être considéré comme non avenu (*nullius momenti*).

Code, livre 4, titre 14.

Loi 3. — Les intérêts ne peuvent être réclamés que par la stipulation.

Loi 7. — Le créancier doit prouver qu'il a *stipulé* les intérêts.

Toutes ces opinions contredisent encore l'opinion d'Ulpien. Mais voici d'autres textes à leur tour qui confirment cette opinion.

Code, livre 4, titre 32, loi 12.

Si du blé ou de l'orge ont été donnés en mutuum, les intérêts sont dus par simple pacte (*ex nudo pacto*).

Loi 23, ibidem.

De l'huile et des fruits ont été donnés en mutuum, la nécessité pour le juge d'apprécier en argent leur valeur (*ratio incerti pretii*) permet de tenir compte des intérêts.

Quelle conclusion faut-il tirer de ces textes si dissidents? Dirons-nous que les jurisconsultes romains étaient encore divisés sur cette question? Non, la conciliation de ces textes est facile; nous la tirerons des principes élémentaires du mutuum lui-même.

Nous distinguerons deux espèces de mutuum : le mutuum qui a pour objet une somme d'argent, et le mutuum qui a pour objet des quantités. La formule de la *condictio certi*, action conférée par le mutuum, n'était pas rédigée de même dans les deux cas. L'épithète de *certi* qui qualifie la *condictio*, a un sens absolu dans le premier cas. La *condictio*, au contraire, dans le second cas, mérite cette qualification de *certi*, seulement quant à l'*intentio* et non quant à la *condemnatio*.

Prenons des exemples : le mutuum a pour objet une somme d'argent, la formule sera rédigée en ces termes :

Quod Aulus Agerius Numerio Negidio X mutuo dedit, qua de re agitur.

Si Aulo Agerio Numerium Negidium X dare oportere paret, X dare judex condemna, si non paret, absolve.

On le voit : le juge est lié par les termes mêmes de la formule : le préteur ne lui pose qu'une question : Est-il dû dix ? Comment alors faire intervenir l'évaluation des intérêts ? Le juge ne le peut pas, et ne peut que répondre : Il est dû dix, ou il n'est pas dû dix.

Prenons, au contraire, un mutuum qui ait pour objet des quantités. Voici comment on rédigera la formule :

Quod Aulus Agerius Numerio Negidio decem modios frumenti mutuo dedit, qua de re agitur.

Si Aulo Agerio Numerium Negidium decem modios frumenti dare oportere, paret, QUANTI EA RES ERIT, *judex condemna, si non paret, absolve.*

Pourquoi cette différence dans la rédaction ? Sous l'empire du système formulaire, toute condamnation doit être pécuniaire. Le juge ne peut pas condamner à donner dix mesures de blé ; il faut qu'il estime ces dix mesures, et qu'il condamne à en payer la valeur. Dès lors, le juge qui a une estimation à faire, peut facilement tenir compte des intérêts.

Voilà la conciliation de cette contradiction apparente des textes que nous avons cités. Si nous examinons ces textes, nous verrons que les lois 12 et 23, au Code, livre 4, titre 32, confirment l'opinion exprimée par Ulpien, au Digeste, livre 12, titre 1er, loi 7. D'après ces textes, les intérêts peuvent être dus en vertu d'un simple pacte joint au mutuum. Or, dans ces lois 12 et 23 au Code, il s'agit d'un mutuum ayant pour objet une quantité, du blé, de l'orge, de l'huile, des fruits. Examinons, au contraire, les textes que nous avons cités comme contraires à l'opinion d'Ulpien. Il s'agit, dans tous ces textes, d'un mutuum ayant pour objet une somme d'argent. Notre conciliation est justifiée par la loi 23, au Code, livre 4, titre 32, déjà citée. Les mots *ratio incerti pretii* sont donnés comme raison de ce qu'on tient compte des intérêts ; *ratio sua sit,* nous dit le texte. Or, ces mots ne constatent autre chose que la nécessité imposée au juge, pour prononcer une condamnation pécuniaire, d'estimer la valeur incertaine de l'huile et des fruits. De là, la faculté pour le juge de tenir compte des intérêts.

Il faut noter une double exception à cette règle, que les intérêts ne peuvent être dus en vertu d'un simple pacte adjoint à un mutuum ayant pour objet une somme d'argent. La loi 7, *de nautico fœnore,* signale la première exception pour le prêt maritime que nous appelons, dans notre langage moderne, *prêt à la grosse aventure.* La loi 30, *de rebus creditis,* ajoute une autre exception pour le prêt fait par un municipe.

2e HYPOTHÈSE.

Pacte joint à un mutuum qui diminue l'obligation.

Le pacte qui diminue l'obligation produit-il son effet *ipso jure* ou *exceptionis ope* ? Cette question a un grand intérêt pratique. Si le pacte produit son effet *ipso jure,* le créancier, en exerçant la *condictio certi,* devra restreindre lui-même sa demande, sous peine d'encourir les déchéances prononcées contre la plus-pétition. Si le pacte ne produit son effet qu'*exceptionis ope,* le créancier pourra, sans danger, exercer la *condictio certi* pour la somme qui a fait primitivement l'objet du mutuum.

Dig., livre 12, titre 1, loi 11, § 1.

Voici l'espèce donnée par ce texte déjà cité : Je te donne 10 en mutuum, mais je conviens que je ne pourrai réclamer que 9. Ce pacte, dit Proculus, produit son effet *ipso jure ;* tu ne seras tenu *ipso jure* que de 9.

Il est facile de justifier cette décision : en effet, on peut dire qu'il est intervenu un mutuum pour neuf et une donation pour un.

PACTES ADJOINTS AUX CONTRATS LITTERIS.

Les textes gardent un silence absolu sur cette matière et on ne saurait y suppléer que par des conjectures incertaines.

SECONDE PARTIE.

PACTES JOINTS AUX CONTRATS BONÆ FIDEI.

Nous reproduirons la distinction déjà établie entre les pactes joints *in continenti* et *ex intervallo*.

1re HYPOTHÈSE.

Pactes joints in continenti *aux contrats* bonæ fidei.

Ces pactes produisent des actions et des exceptions, sans distinguer s'ils augmentent ou diminuent l'obligation. En disant qu'ils produisent des exceptions, nous ne voulons point dire que ces exceptions doivent être insérées dans la formule ; elles se trouvent implicitement comprises dans ces termes propres aux actions conférées par les contrats de bonne foi : *quidquid paret...*

Divers textes prouvent que les pactes joints aux contrats de bonne foi produisent les mêmes actions que ces contrats. Nous allons citer des textes spéciaux pour les divers contrats *bonæ fidei.*

Code, livre 4, titre 54, loi 5.

Il s'agit d'une *vente.* Les intérêts convenus par un pacte pour inexactitude du payement peuvent être réclamés.

Dig., livre 22, titre 1, loi 7, § 4.

Il s'agit d'un *louage.* Dès que le débiteur est en demeure, il doit les intérêts convenus par un pacte.

Dig., livre 17, titre 1, loi 34, Africanus.

Il s'agit d'un *mandat.* Voici l'espèce du texte : L'intendant de Lucius Titius lui écrit qu'il a reçu de ses débiteurs une certaine somme, et qu'il la garde à raison de 6 p. 100 d'intérêt. Y a-t-il un *mutuum,* se demande Africain ? Il donne une réponse négative. On ne peut argumenter, dit-il, de ce

qu'il y aurait un *mutuum* dans le cas où nous conviendrions que l'argent que
j'ai déposé chez toi, formera l'objet d'un *mutuum*. Car, dans ce cas, je suis propriétaire de l'argent dont je te transfère la propriété, tandis que Lucius Titius
n'a jamais été propriétaire de l'argent que lui emprunte son intendant. Ne
dites pas, ajoute Africain, qu'il y a *mutuum*, par analogie au cas où je vous
dis de recevoir à titre de *mutuum* l'argent que me doit mon débiteur, car
c'est là une dérogation particulière au droit commun (*id benigne receptum
est*). Ne dites pas non plus que si on veut donner de l'argent en *mutuum*,
on peut remettre un lingot (*argentum*) pour le vendre ; car ce n'est pas là
un véritable *mutuum*, bien que l'argent qui provient du lingot, soit aux
risques de celui qui a reçu le lingot, comme s'il y a avait eu vraiment un
mutuum. Quelle conclusion faut-il donc tirer ? Il faut dire, dit Africain,
dans l'espèce que nous avons proposée (*in proposito*), qu'il y a *mandat*, et que
les intérêts convenus par le pacte sont exigibles.

Le jurisconsulte Africain vient de nous dire qu'il y avait mandat, et que
les intérêts convenus par simple pacte étaient exigibles.

Dig., livre 12, titre 1, loi 15, Ulpianus.

Ce texte d'Ulpien prouve qu'il y avait eu une controverse sur la question
de savoir s'il y avait mutuum ou mandat. On a fini par admettre, dit Ulpien,
une règle particulière à l'égard du *mutuum*.

J'ai donné l'ordre à mon débiteur de te donner ce qu'il me doit ; tu seras
tenu comme si je t'avais donné de l'argent dont je suis propriétaire (*meos
nummos*). Il y a en quelque sorte une tradition de brève main. Tu ne me
devras donc pas cet argent en vertu d'un *mandat*, mais bien en vertu d'un
mutuum.

Dig., livre 16, titre 3, loi 24.

Il s'agit ici d'un *dépôt*. Les intérêts, dit ce texte *in fine*, sont dus même par
simple pacte : *Si tamen ab initio de usuris præstandis convenit.*

Dig., livre 2, titre 14, loi 7, § 5.

Ce texte formule la règle générale.

Les pactes joints aux contrats de bonne foi font corps avec eux, nous dit
le texte, à la condition qu'ils soient joints *in continenti* ; alors ils produisent
une action, ce que le texte exprime par ces mots : *etiam ex parte actoris
insint.*

2ᵉ HYPOTHÈSE.

Pactes joints ex intervallo aux contrats bonæ fidei.

Nous distinguerons dans cette seconde hypothèse deux cas distincts : 1° le contrat n'a reçu aucun commencement d'exécution ; 2° le contrat a été exécuté d'un seul côté, ou de part et d'autre. Enfin dans le cas où le contrat n'a été exécuté par personne, il faut encore faire une nouvelle distinction entre les pactes qui portent sur des éléments accidentels ou sur des éléments substantiels du contrat.

Pacte joint ex intervallo à un contrat de bonne foi, le contrat n'ayant pas été exécuté de part ni d'autre, et le pacte affectant un élément accidentel.

La règle, dans cette hypothèse, est que les pactes ne font pas corps avec les contrats et qu'ils ne produisent pas d'action.

Les textes qui formulent cette règle n'offrent aucune difficulté.

Dig., livre 12, titre 14, loi 7, § 5.

Voici l'espèce de ce texte : Une dot a été constituée en quantités et non en corps certains, le mari a, par conséquent, pour la restituer au jour du divorce plusieurs délais (*una, bima, trima die*); mais un pacte est intervenu et on a stipulé que la dot serait restituée sans délais, ce pacte est nul car la femme ne pourrait s'en prévaloir que par une action. Or, le texte nous pose la règle que nous avons énoncée : ces pactes ne produisent pas d'actions (*ne ex pacto actio nascatur*). Papinien énonce la même opinion dans le cas d'une vente et il faut étendre cette règle à tous les contrats de bonne foi. Notons que le texte fait la distinction que nous avons établie : *Si aliquid extra naturam conveniat*, dit le texte, c'est-à-dire si le pacte porte sur un élément accidentel.

Dig., livre 18, titre 1, loi 72.

Ce texte formule encore notre règle. Les pactes ne font pas corps avec les contrats, s'ils sont adjoints « ex intervallo » *postea facta*) et s'ils portent sur des éléments accidentels (*quod locum habet in his quæ adminicula sunt emptionis*). Le mot *adminicula* signifie éléments accidentels.

Le texte donne des exemples à l'appui de cette règle. Ainsi il suppose qu'un pacte est intervenu, à l'effet d'exclure la *cautio duplæ*. Au premier abord, on peut se demander dans quelle hypothèse il est possible de concevoir qu'un tel pacte intervienne? Il faut citer le cas de la vente d'un esclave ou d'un objet précieux, cas où la *cautio duplæ* était de style, et d'où il devenait ainsi nécessaire de recourir à un pacte spécial pour l'exclure.

On ne distingue pas non plus nettement le second exemple proposé par le texte; on suppose qu'un vendeur a fourni un fidéjusseur qui a promis, par un pacte, la *cautio duplæ*, et que cette *cautio* n'a pas été fournie. Si l'acheteur veut agir contre le vendeur, il ne peut le faire en vertu du pacte qui est intervenu, puisque ce pacte ne produit pas d'action, mais il pourra repousser le vendeur, si celui-ci veut agir contre lui; il lui dira : la *cautio duplæ* n'a pas été fournie ; je vous oppose le pacte, non par voie d'action, mais *exceptionis ope*.

Pacte joint ex intervallo *aux contrats de bonne foi. Le pacte porte sur un élément essentiel, le contrat n'a pas été exécuté.*

Il nous suffit encore de formuler la règle, et de citer les textes qui la confirment et qui n'offrent aucune difficulté.

Si le contrat n'a pas été exécuté, les pactes joints *ex intervallo* font corps avec les contrats de bonne foi (Dig., liv. 2, tit. 14, loi 7, § 6). Le texte suppose qu'on renonce par un pacte au contrat de vente (*ab emptione abiri*). On le voit, le pacte porte donc bien sur un élément essentiel. Or, puisqu'on peut dissoudre la vente par un mutuel dissentiment, comment ne pourrait-on pas modifier une partie de la vente? Tel est le raisonnement que développe la suite du texte.

Dig., livre 18, titre 1, loi 72, in fine, principium.

Paul, dans ce texte, fait observer que si le contrat n'a pas été exécuté, on peut le modifier par un pacte, et qu'il y a en quelque sorte une seconde vente.

Pacte joint ex intervallo aux contrats de bonne foi. Le contrat a reçu un commencement d'exécution.

Nous ne trouvons aucune difficulté dans cette hypothèse. La règle est que le pacte ne produit qu'une exception. Prenons un exemple, et supposons un

contrat de vente. Si le vendeur a déjà livré la chose vendue, les parties pour-
ront bien convenir, par un pacte, que l'acheteur ne payera pas le prix ; mais
elles ne pourraient pas convenir, par un pacte, que le vendeur reprendrait
la chose vendue, s'il l'avait déjà livrée. En effet, dans le premier cas, le pacte
pourra s'appliquer *exceptionis ope*. Si le vendeur actionne l'acheteur en
payement du prix, celui-ci repoussera sa prétention en invoquant le pacte
par voie d'exception. Dans le second cas, au contraire, le pacte ne pourrait
avoir d'effet que par une action ; car le vendeur ne peut agir que par une action pour forcer l'acheteur, déjà nanti de la chose, à la lui restituer. Or, ce
mode de recours est impossible, puisque nous avons posé en règle que le
pacte, dans l'hypothèse où nous sommes placés, ne produit qu'une exception.

Il est clair que si le contrat avait été exécuté de part et d'autre, le pacte
qui interviendrait devrait être considéré comme non avenu.

Nous avons parcouru tous les textes qui traitent des *pacta adjecta*.

Si nous résumons les principes que nous avons dégagés de l'explication de
ces textes, nous arrivons à formuler les règles suivantes. Adjoint *in continenti* à une stipulation, le pacte fut considéré par les jurisconsultes, après
une longue controverse, comme faisant corps avec la stipulation, et comme
validé par la même action que l'obligation principale ; si l'adjonction a lieu
ex intervallo, le pacte ne produit qu'une exception. Adjoint à un mutuum
ayant pour objet une somme d'argent, le pacte ne produit point d'action, sauf
deux exceptions pour le prêt dit *à la grosse aventure*, et pour le prêt fait par
un municipe ; si le mutuum a pour objet des quantités, l'élasticité, pour ainsi
dire, des termes de la formule, permet au juge de valider le pacte par l'action même qui découle du contrat.

Dans ces deux hypothèses, nous supposons que l'adjonction du pacte a pour
effet d'augmenter l'obligation principale ; si son effet est de la diminuer, le
pacte doit produire son effet *ipso jure*. Adjoint *in continenti* à un contrat de
bonne foi, le pacte fait toujours corps avec le contrat, et produit une action.
Lorsque l'adjonction a lieu *ex intervallo*, il faut établir plusieurs distinctions : si l'obligation principale n'a encore reçu aucun commencement d'exécution, et si le pacte ne porte que sur un des éléments accidentels du contrat, il ne produira pas d'action ; il donnera naissance au contraire à une action, s'il porte sur un des éléments essentiels du contrat. Enfin, si on suppose
que l'obligation principale a déjà été exécutée de part ou d'autre, le pacte ne

produira qu'une exception, et sera de nul effet si son application par voie d'exception est impossible.

Tels sont les principes qui régissent les pactes dans leurs rapports avec les contrats tant *stricti juris* que *bonæ fidei*. Le nombre des textes que nous avons analysés et essayé de concilier, la solennité des débats que nous avons reproduits, tout cet ensemble de documents que nous avons étudiés, révèle assez l'importance de cette théorie des PACTA ADJECTA, grave et longue préoccupation de la jurisprudence romaine. Cette étude offre un vif intérêt, car c'est dans l'appréciation si délicate des combinaisons des pactes avec les contrats que se fait admirer cette logique si rigoureuse des jurisconsultes romains, cette analyse parfois subtile, mais toujours judicieuse, qui fait de cette vaste et peut-être indigeste compilation de Justinien un monument de législation, unique dans son genre, puisque seul il présente ce double caractère de rapprocher le fait de la loi, l'exemple de la règle, et de réunir et de combiner à la fois les enseignements de la théorie et de la pratique.

TEXTES EXPLIQUÉS.

<table>
<tr><td>Digeste.</td><td>Livre 12, titre</td><td>1,</td><td>loi 40.</td></tr>
<tr><td></td><td>Id.</td><td>Id.</td><td>loi 7.</td></tr>
<tr><td></td><td>Id.</td><td>Id.</td><td>loi 11, § 1.</td></tr>
<tr><td></td><td>Id.</td><td>id.</td><td>loi 15.</td></tr>
<tr><td></td><td>Id.</td><td>titre 14,</td><td>loi 7, § 5.</td></tr>
<tr><td></td><td>Livre 19, titre</td><td>5,</td><td>loi 24.</td></tr>
<tr><td></td><td>Livre 17, titre</td><td>1,</td><td>loi 10, § 4.</td></tr>
<tr><td></td><td>Id.</td><td>id.</td><td>loi 34.</td></tr>
<tr><td></td><td>Livre 22, titre</td><td>1,</td><td>loi 7, § 4.</td></tr>
<tr><td></td><td>Livre 16, titre</td><td>3,</td><td>loi 24.</td></tr>
<tr><td></td><td>Livre 2, titre 14,</td><td></td><td>loi 7, § 5.</td></tr>
<tr><td></td><td>Livre 18, titre</td><td>1,</td><td>loi 72.</td></tr>
</table>

<table>
<tr><td>Code.</td><td>Livre 4, titre 32,</td><td>loi 12.</td></tr>
<tr><td></td><td>Id.   id.</td><td>loi 23.</td></tr>
<tr><td></td><td>Id.   titre 14,</td><td>loi 3.</td></tr>
<tr><td></td><td>Id.   id.</td><td>loi 7.</td></tr>
<tr><td></td><td>Id.   titre 54,</td><td>loi 5.</td></tr>
</table>

Sentences de Paul. Livre 2, titre 14.

Typ. Charles de Mourgues frères, rue J.-J. Rousseau, 8. — 1846.

www.ingramcontent.com/pod-product-compliance
Lightning Source LLC
LaVergne TN
LVHW020514060726
842525LV00005B/1953